AF284781

Impressum
Verlag: BABADADA GmbH, Nedderfeld 112 , 22529 Hamburg
Geschäftsführer / Verlagsleitung: Harald Hof
Druck: Books on Demand GmbH, In de Tarpen 42, 22848 Norderstedt

Imprint
Publisher: BABADADA GmbH, Nedderfeld 112 , 22529 Hamburg, Germany
Managing Director / Publishing direction: Harald Hof
Print: Books on Demand GmbH, In de Tarpen 42, 22848 Norderstedt

dugsi
l'école

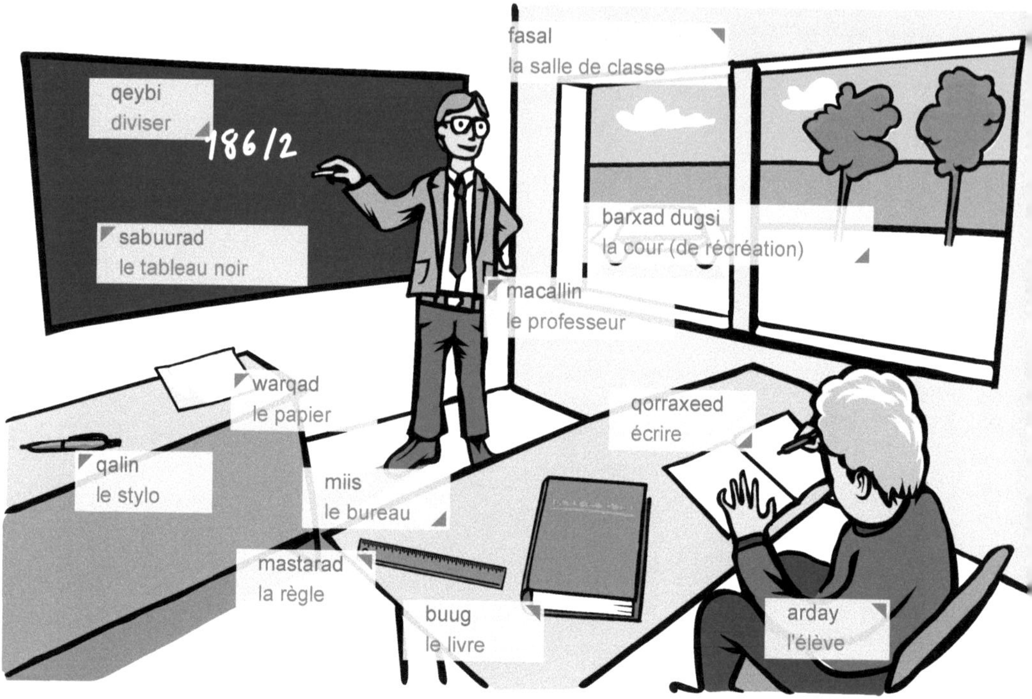

fasal
la salle de classe
qeybi
diviser
186/2
sabuurad
le tableau noir
barxad dugsi
la cour (de récréation)
macallin
le professeur
warqad
le papier
qorraxeed
écrire
qalin
le stylo
miis
le bureau
mastarad
la règle
buug
le livre
arday
l'élève

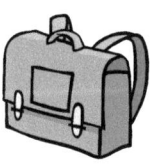

boorso

le cartable

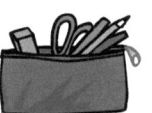

kiis qalin-qori

la trousse

qalin-qori

le crayon

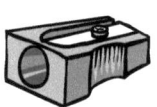

koobka qalin qor

le taille-crayon

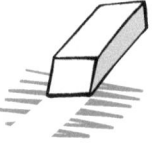

titirre

la gomme

buugga sawirka

le carnet à dessin

sawirid

le dessin

burushka midabaynta

le pinceau

gasaca midabaynta

la boîte de peinture

maqasyo

les ciseaux

koollo

la colle

buug qoraal

le cahier d'exercices

shaqo-guri

les devoirs

lambar

le chiffre

ku dar

additionner

ka jar

soustraire

ku dhufo

multiplier

xisaabi

calculer

warqad

la lettre

alifbeeto

l'alphabet

erey

le mot

qoraal

le texte

akhri

lire

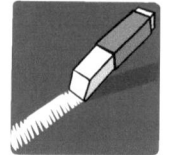

jeesto

la craie

cahsar

la leçon

diiwaan

le livre de classe

imtixaan

l'examen

shahaado

le certificat

direes dugsi

l'uniforme scolaire

waxbarasho

la formation

diwaan mowduuceed

le lexique

jaamacad

l'université

mayskariskoob

le microscope

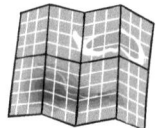

khariidad

la carte

haan qashin-gur

la corbeille à papier

safar

le voyage

hoteel
l'hôtel
Grand
hoteel jiif-cunto
l'auberge
EXCHANGE
xafiiska sarrifaka lacagaha
le bureau de change
shandad-dhar
la valise
baabuur
la voiture

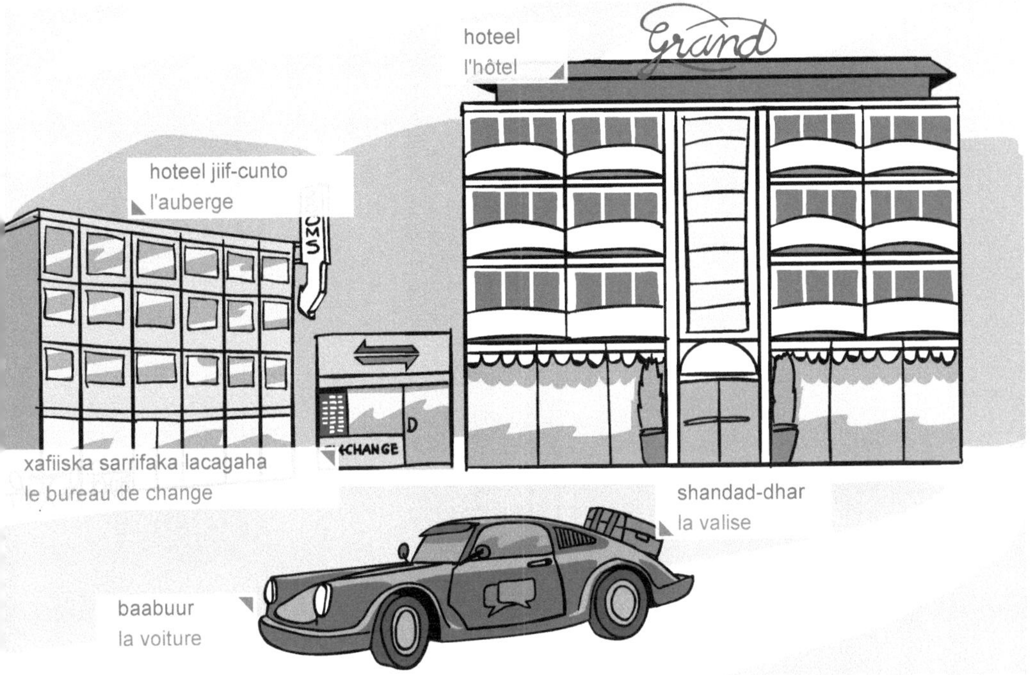

luuqad

la langue

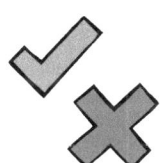

haa / maya

oui / non

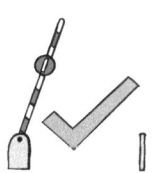

Hagaag

d'accord

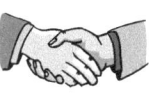

nabad miyaa

Salut

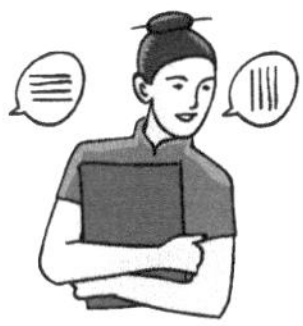

turjumaan

l'interprète

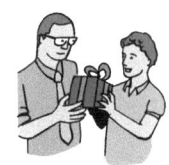

Waad mahadsan tahay

merci

waa immisa...?

Combien coûte...?

ma aanan fahamin

Je ne comprends pas

dhibaato

le problème

galab wanaagsan!

Bonsoir !

subax wanaagsan!

Bonjour !

habeen wanaagsan!

Bonne nuit !

nabad gelyo

Au revoir

jiho

la direction

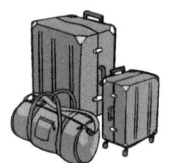

alaabo

les bagages

boorso

le sac

boorso-dhabar

le sac-à-dos

marti

l'hôte

qol

la pièce

katiifad

le sac de couchage

teendho

la tente

xog dalxiis

l'office de tourisme

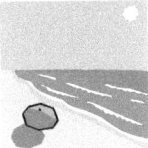

xeebta

la plage

kaar amaah

la carte de crédit

quraac

le petit-déjeuner

qado

le déjeuner

casho

le dîner

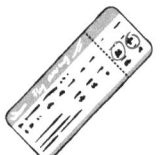

rasiid

le billet

wiish

l'ascenseur

tiimbare

le timbre

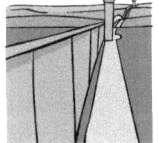

xuduud

la frontière

qeybta-canshuur-bixinta

la douane

safaarad

l'ambassade

dal ku gal

le visa

baasaboor

le passeport

gaadiid

le transport

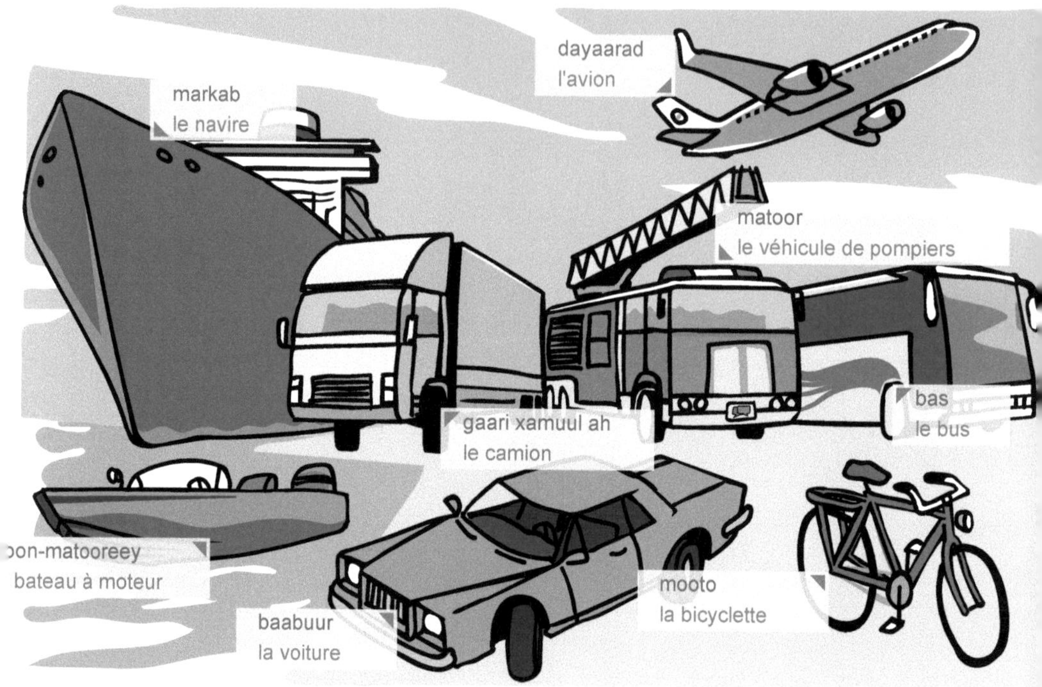
dayaarad
l'avion
markab
le navire
matoor
le véhicule de pompiers
bas
le bus
gaari xamuul ah
le camion
oon-matooreey
bateau à moteur
mooto
la bicyclette
baabuur
la voiture

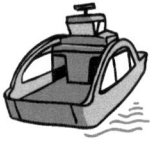

doon

le ferry

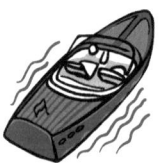

doonnida

la barque

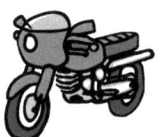

mooto

la moto

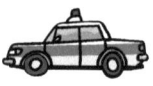

baabuur booliis

la voiture de police

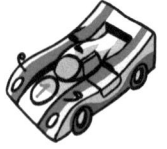

baabuur baratan

la voiture de course

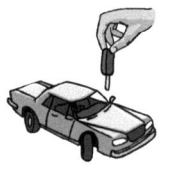

baabuur la-kiraysto

la voiture de location

gaadiid-wadaag

l'auto-partage

wiishle

la voiture de remorquage

gaari qashin-gure

la benne à ordures

matoor

le moteur

shidaal

l'essence

ajib

la station d'essence

calaamad taraafiko

le panneau indicateur

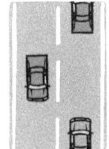

taraafiko

le trafic

jaam baabuur

l'embouteillage

baarkin-baabuur

le parking

boosteejo tareen

la gare

waddo-tareen

les rails

tareen

le train

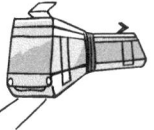

taraam

le tramway

gaari faras

le wagon

helikobtar

l'hélicoptère

garoonka dayuuradaha

l'aéroport

manaarad

la tour

rakaab

le passager

weel

le conteneur

kartoon

le carton

gaari faras

le chariot

dambiil

la corbeille

kicid / degis

décoller / atterrir

magaalo

la ville

tuulo

le village

faras magaale

le centre-ville

guri

la maison

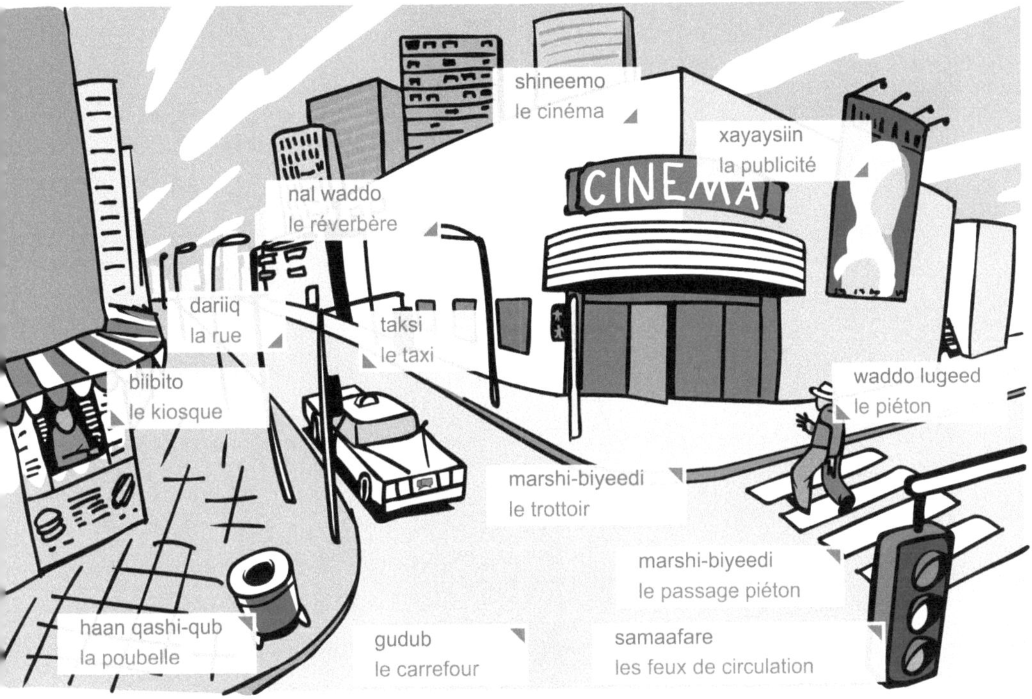

shineemo
le cinéma
xayaysiin
la publicité
CINEMA
nal waddo
le réverbère
dariiq
la rue
taksi
le taxi
biibito
le kiosque
waddo lugeed
le piéton
marshi-biyeedi
le trottoir
marshi-biyeedi
le passage piéton
haan qashi-qub
la poubelle
gudub
le carrefour
samaafare
les feux de circulation

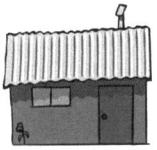

mundul

la cabane

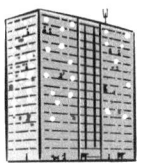

dabaq

l'appartement

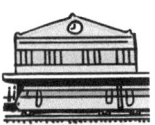

boosteejo tareen

la gare

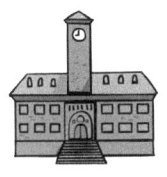

xarunta dowladda-hoose

la mairie

MUSEUM

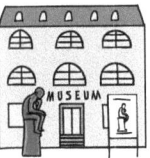

matxaf

le musée

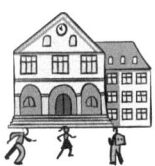

dugsi

l'école

jaamacad

l'université

bangi

la banque

isbitaal

l'hôpital

hoteel

l'hôtel

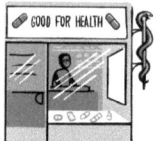

farmasi

la pharmacie

xafiis

le bureau

buug shoob

la librairie

dukaan

le magasin

dukaan ubax

le fleuriste

carwo

le supermarché

suuq

le marché

suuq weyne

le grand magasin

kalluun-iibshe

la poissonnerie

suuq

le centre commercial

furdo

le port

jardiino

le parc

kursi

la banque

buundo

le pont

jaraanjaro

les escaliers

waddo-tareen-hoosaad

le métro

waddo-dhul hoose

le tunnel

boosteejo

l'arrêt de bus

baar

le bar

makhaayad

le restaurant

sanduuq boosto

la boîte à lettres

calaamad waddo

le panneau indicateur

joogid-cabbire

le parcmètre

beer-xayawaan

le zoo

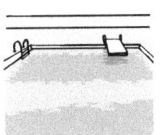

barkad dabbaalasho

le réverbère

masaajid

la mosquée

magaalo - la ville

beer

la ferme

naqas

la pollution

qabuuro

la cimetière

kaniisad

l'église

garoon

l'aire de jeux

macbad

le temple

muqaal-dhireed
le paysage

caleen
la feuille

calaamad-waddo
le panneau indicateur

waddo
le chemin

seere
le pré

dhagax
la pierre

buur korre
le randonneur

geed
l'arbre

webi
la rivière

caws
l'herbe

ubax
la fleur

dooxo

la vallée

buur

la montagne

laag

le lac

kayn

la forêt

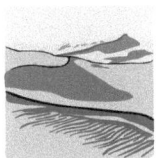

saxare

le désert

foolkaano

le volcan

qasri

le château

qaanso-roobaad

l'arc-en-ciel

barkin-waraabe

le champignon

geed timireed

le palmier

kaneeco

le moustique

duqsi

la mouche

qoraanjo

les fourmis

shinni

l'abeille

caaro

l'araignée

dameer-duudeey

le coléoptère

rah

la grenouille

dabagaalle

l'écureuil

kashiito

le hérisson

dabagaalle

le lièvre

guumeys

la chouette

shimbir

l'oiseau

boolo-boolo

le cygne

doofaar-jilibeey

le sanglier

deero

le cerf

faras-duur

l'élan

biyo-xireen

le barrage

tamar-dhaliye

l'éolienne

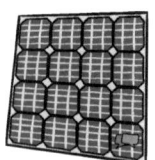

soollar

le panneau solaire

cimilo

le climat

makhaayad
le restaurant

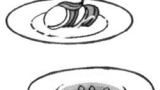

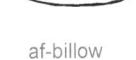

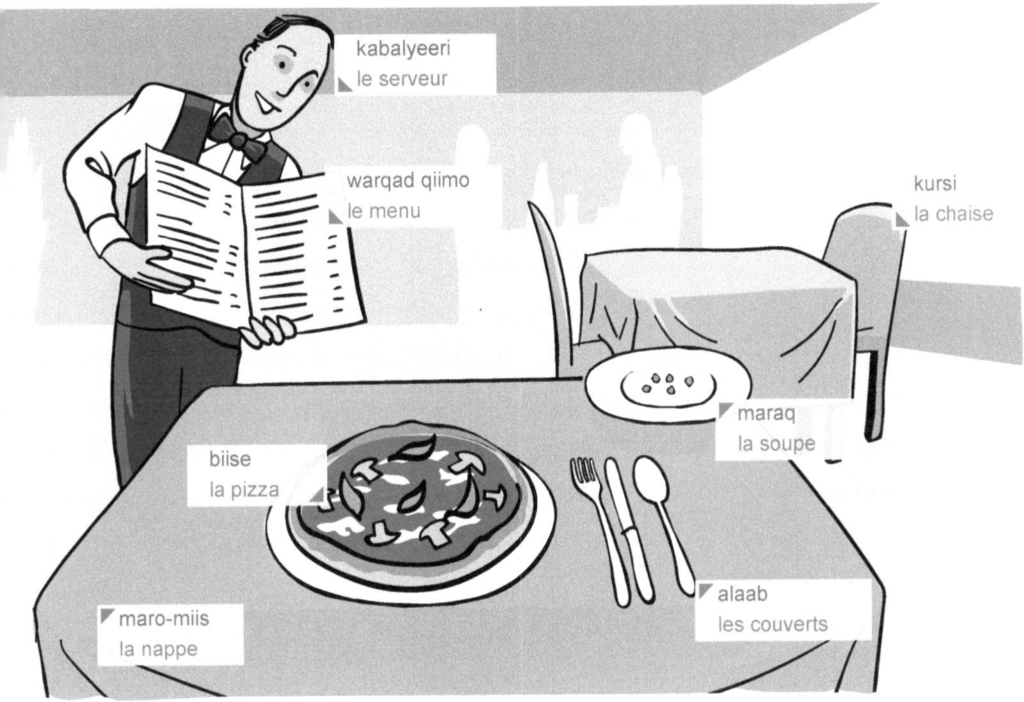
kabalyeeri
le serveur
warqad qiimo
le menu
kursi
la chaise
maraq
la soupe
biise
la pizza
alaab
les couverts
maro-miis
la nappe

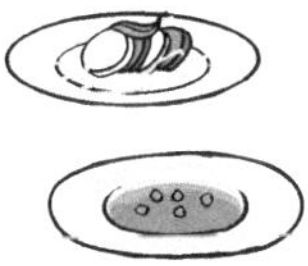

af-billow

les hors d'œuvre

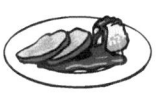

cunto bariimo

le plat principal

macmacaan

le dessert

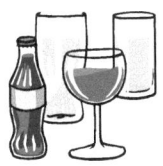

cabitaan

les boissons

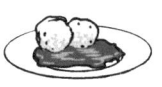

cunto

l'alimentation

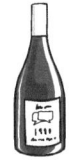

dhalo

la bouteille

cunto diyaarsan

le fast-food

cunto-waddo

les plats à emporter

jalmad shaah

la théière

weelka sonkorta

le sucrier

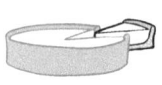

qayb

la portion

mashiinka isbareesada

la machine à expresso

kursi dheer

la chaise haute

biil

la facture

tereey

le plateau

mindi

le couteau

fargeeto

la fourchette

qaaddo

la cuillère

malqacad-shaah

la cuillère à thé

shukumaan miis

la serviette

galaas

le verre

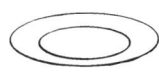

saxan

l'assiette

saxanka maraqa

l'assiette à soupe

saxan

la soucoupe

suugo

la sauce

weelka cusbada

la salière

basbaas shiide

le moulin à poivre

fixiye

le vinaigre

saliid

l'huile

dhandhanaan

les épices

suugo

le ketchup

mastaard

la moutarde

mayoonees

la mayonnaise

carwo
le supermarché

qiima dhimis qaas ah
l'offre promotionnelle
FOR
macmiil
le client
caano
les produits laitiers
miro
les fruits
gaariga adeega
le chariot

BUTCHERS

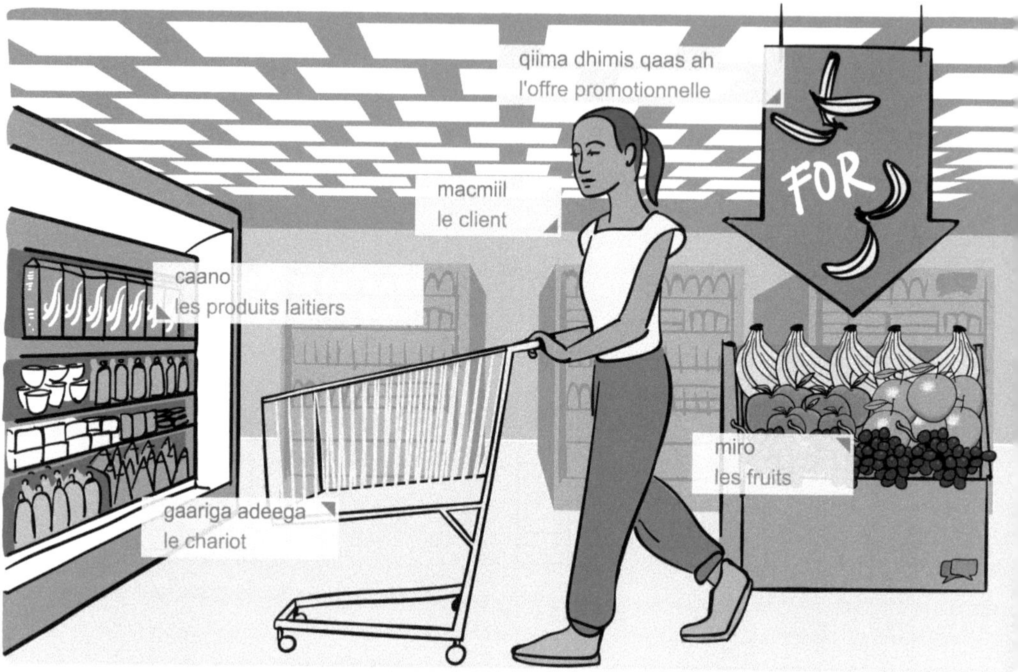

kawaan

la boucherie

BAKERY

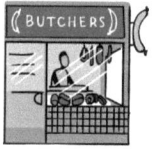

foorno

la boulangerie

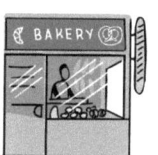

cabbir

peser

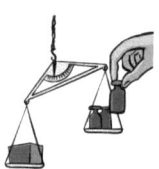

khudaar

les légumes

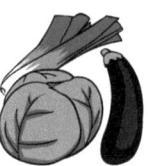

hilib

la viande

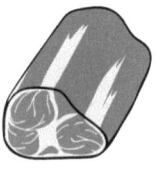

cunto la qaboojiyay

les aliments surgelés

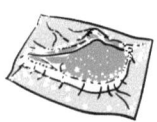

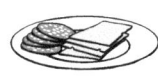

hilibka qadada

la charcuterie

cunto gasacadeysan

les conserves

oomo

la poudre à lessive

macmacaan

les bonbons

alaabada guri

les articles ménagers

alaabo nadaafad

les détergents

iibshe

la vendeuse

diiwaan lacagta

la caisse

qasnaji

le caissier

liis adeeg

la liste d'achats

saacadaha shaqo

les heures d'ouverture

shandada jeebka

le portefeuille

kaar amaah

la carte de crédit

bac

le sac

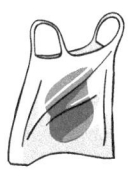

bac

le sac en plastique

les boissons

biyo

l'eau

casiir

le jus de fruit

caano

le lait

kooka-kola

le coca

khamri

le vin

biir

la bière

khamri

l'alcool

kooke

le chocolat chaud

shaah

le thé

kafee

le café

isberesso

l'expresso

koobishiin

le cappuccino

muus

la banane

tufaax

la pomme

liin-bambeelmo

l'orange

qare

le melon

liin

le citron.

karooto

la carotte

toon

l'ail

baambuu

le bambou

basal

l'oignon

barkin-waraabe

le champignon

loos

les noisettes

baasto

les pâtes

baasto

les spaghetti

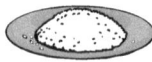

bariis

le riz

salar

la salade

jibsi

les pommes frites

baradho shiilan

les pommes de terre rôties

biise

la pizza

haambeegar

le hamburger

saanwij

le sandwich

hilib-jiir

l'escalope

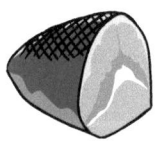

hilib-doofaar

le jambon

salami

le salami

sooseej

la saucisse

hilib-digaag

le poulet

duban

le rôti

kalluun

le poisson

sareenta mashaarida

les flocons d'avoine

quraac isku-dhafan

le muesli

daango

les cornflakes

bur

la farine

nooc rooti ah

le croissant

rooti

les petits-pains

rooti

le pain

rooti-la-kulluleeyey

le pain grillé

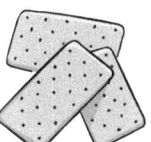

buskud

les biscuits

subag

le beurre

hanti

le fromage blanc

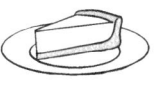

doolsho

le gâteau

ukun

l'œuf

ukun shiilan

l'œuf au plat

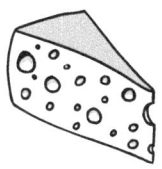

burcad

le fromage

jalaato

la glace

sonkor

le sucre

malab

le miel

malmalaado

la confiture

labeen macmacaan

la crème nougat

suugo

le curry

beer
la ferme

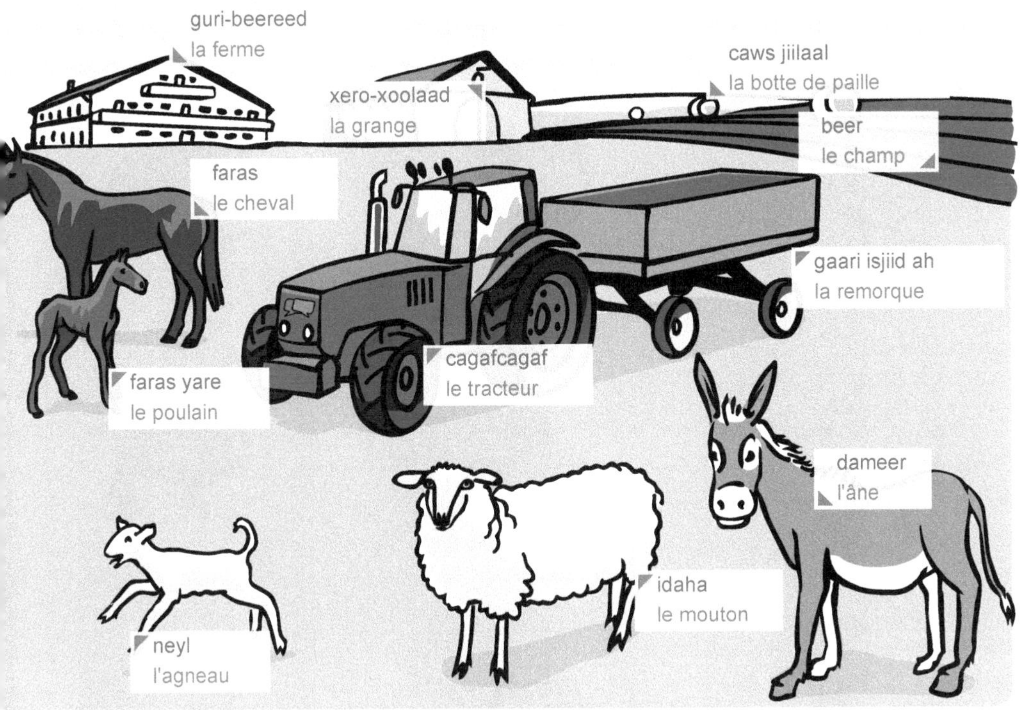
guri-beereed
la ferme
xero-xoolaad
la grange
caws jiilaal
la botte de paille
beer
le champ
faras
le cheval
gaari isjiid ah
la remorque
cagafcagaf
le tracteur
faras yare
le poulain
dameer
l'âne
idaha
le mouton
neyl
l'agneau

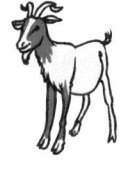

ri'

la chèvre

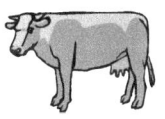

sac

la vache

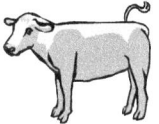

weyl

le veau

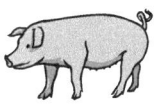

doofaar

le porc

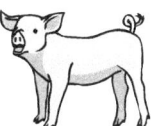

dhal doofaar

le porcelet

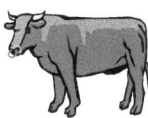

dibi

le taureau

bawaato lab

l'oie

bawaato

le canard

jiijiile

le poussin

digaag

la poule

diiq

le coq

doolli

le rat

bisad

le chat

jiir

la souris

dibi

le bœuf

eey

le chien

hoyga eeyga

le chenil

tuubbo waraab

le tuyau de jardin

sakeelka waraabinta

l'arrosoir

gudin

la faucheuse

carro-roge

la charrue

gudin

la faucille

yaambo

la pioche

fargeeto caws-beereed

la fourche

faas

la hache

gaari -gacan

la brouette

dar

la cuve

dhalada caanaha

le pot à lait

jawaan

le sac

deer

la clôture

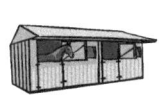

xero xooleed

l'étable

gur-biqlin-dhireed

le serre

ciidda

le sol

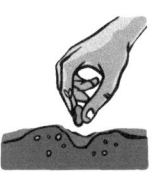

abuuka

les semences

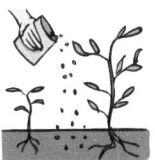

bacrimiye

l'engrais

cagafta beer-goynta

la moissonneuse-batteuse

beer-goyn

récolter

beer-gooyn

la récolte

moxog

l'igname

sarreen

le blé

soya

le soja

baradho

la pomme de terre

galley

le maïs

geed-saliideed

le colza

geed mirood

l'arbre fruitier

moxog

le manioc

firiley

les céréales

guri
la maison

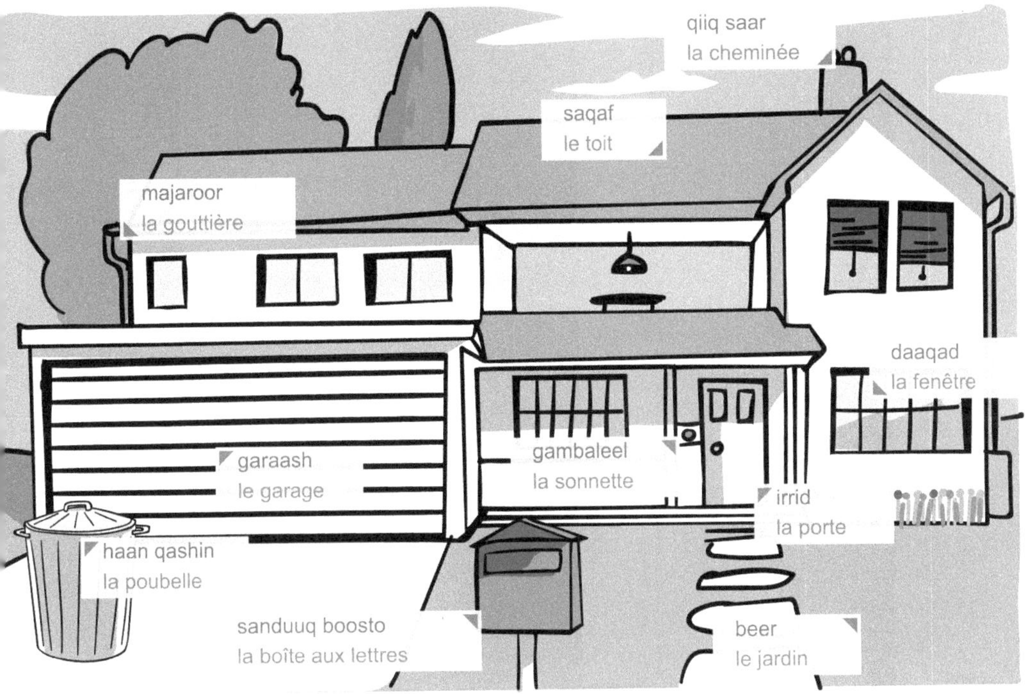
qiiq saar
la cheminée
saqaf
le toit
majaroor
la gouttière
daaqad
la fenêtre
gambaleel
la sonnette
garaash
le garage
irrid
la porte
haan qashin
la poubelle
sanduuq boosto
la boîte aux lettres
beer
le jardin

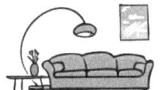

qol jiib

le salon

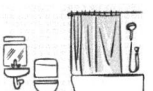

musqul-qubeys

la salle de bain

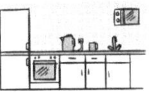

jiko

la cuisine

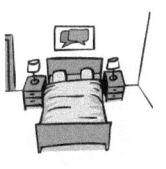

qolka jiifka

la chambre à coucher

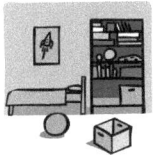

qolka ilmaha

la chambre d'enfant

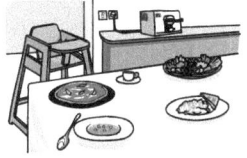

qolka cuntada

la salle à manger

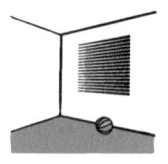

sagxad

le sol

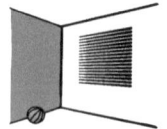

derbi

le mur

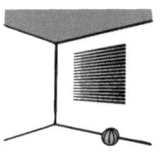

saqaf

le plafond

makhaasiin

la cave

soona

le sauna

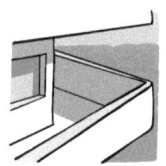

balakoon

le balcon

daarad

la terrasse

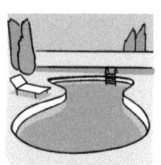

barkad

la piscine

caws-jare

la tondeuse à gazon

buste

la housse

go'

la couette

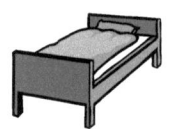

sariir

le lit

xaaqin

le balai

baaldi

le sceau

daare-damiye

l'interrupteur

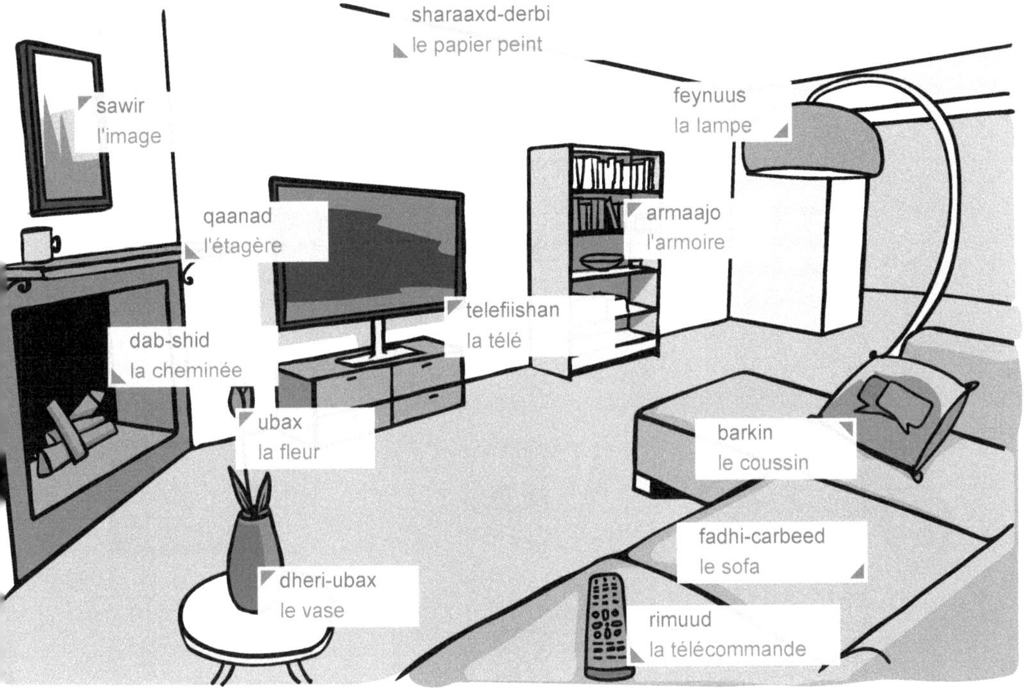

sharaaxd-derbi
le papier peint

sawir
l'image

feynuus
la lampe

qaanad
l'étagère

armaajo
l'armoire

dab-shid
la cheminée

telefiishan
la télé

ubax
la fleur

barkin
le coussin

fadhi-carbeed
le sofa

dheri-ubax
le vase

rimuud
la télécommande

roog

le tapis

daah

le rideau

miis

la table

kursi

la chaise

kursi wareega

la chaise à bascule

kursi fadhi

le fauteuil

buug

le livre

buste

la couverture

qurxin

la décoration

xaabo

le bois de chauffage

filin

le film

cod-baahiye

la chaîne hi-fi

fure

la clé

wargeys

le journal

rinjiyeyn

la peinture

tabeelo

le poster

raadiye

la radio

xusuus-qor

le bloc-notes

huufar

l'aspirateur

tiitiin

le cactus

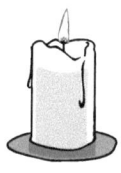

shumac

la bougie

jiko
la cuisine

qaboojiye
le réfrigérateur
kululeeyso
le four à micro-ondes
miisaan-yaraha jikada
la balance de cuisine
rooti-kululeeye
le grille-pain
oomo
le détergent
burjiko
le four
qaboojiye
le compartiment congélateur
haan qashin
la poubelle
maacuun-dhaqe
le lave-vaisselle

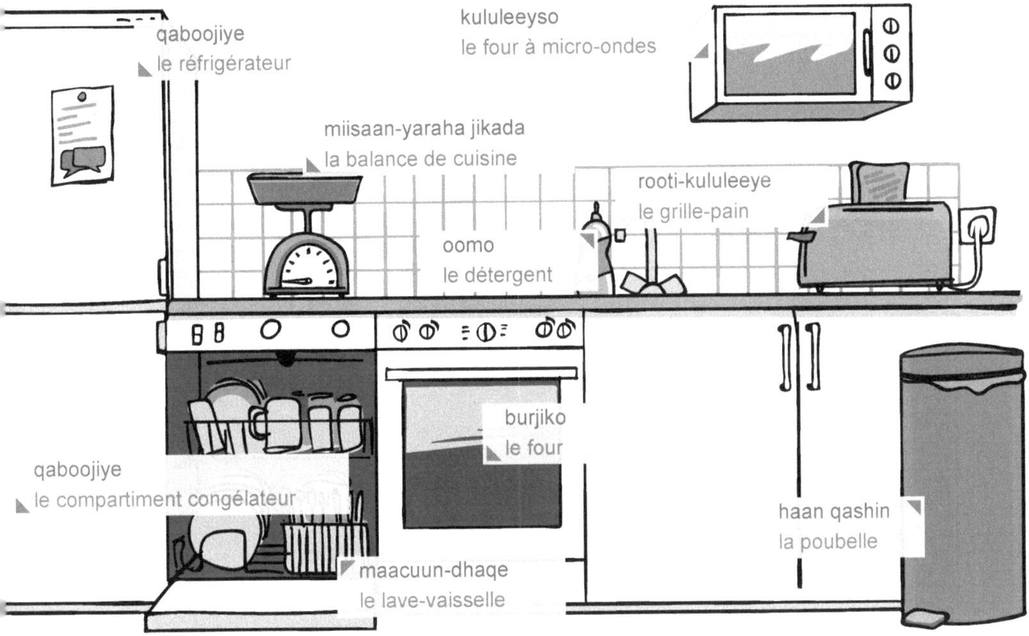

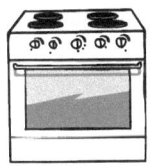

kuuker
....
le four

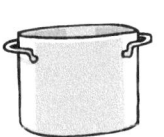

dheri
....
la casserole

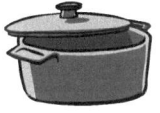

birtaawo
....
la marmite

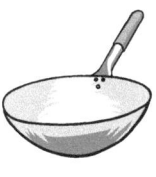

birtaawo
....
le wok / kadai

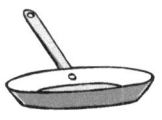

birtaawo
....
la poêle

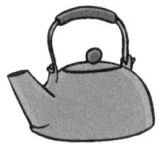

kirli
....
la bouilloire electrique

uumiye

le cuiseur vapeur

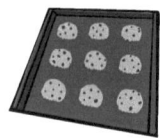

saxaarad dubista

la plaque de cuisson

maacuun

la vaisselle

bakeeri

le gobelet

baaquli

la coupe

qoryo wax lagu cuno

les baguettes

malqacad

la louche

qaado

la spatule

folow

le fouet

miire

la passoire

shashaq

le tamis

qudaar-jare

la râpe

mooye

le mortier

hilib-sol

le barbecue

dab

la cheminée

alwaaxa wax-jar-jarka

la planche à découper

ul jabaati

le rouleau à pâtisserie

guf-saare

le tire-bouchon

gasac

la boîte

gasac-fure

l'ouvre-boîte

istaraasho-jiko

les maniques

saxanka-alaab-dhaqa

le lavabo

caday

la brosse

isbuunyo

l'éponge

shiide

le mixeur

qaabojin qoto-dheer

le congélateur

masaasad

le biberon

tuubbo

le robinet

jiko - la cuisine

37

musqul-qubeys
la salle de bain

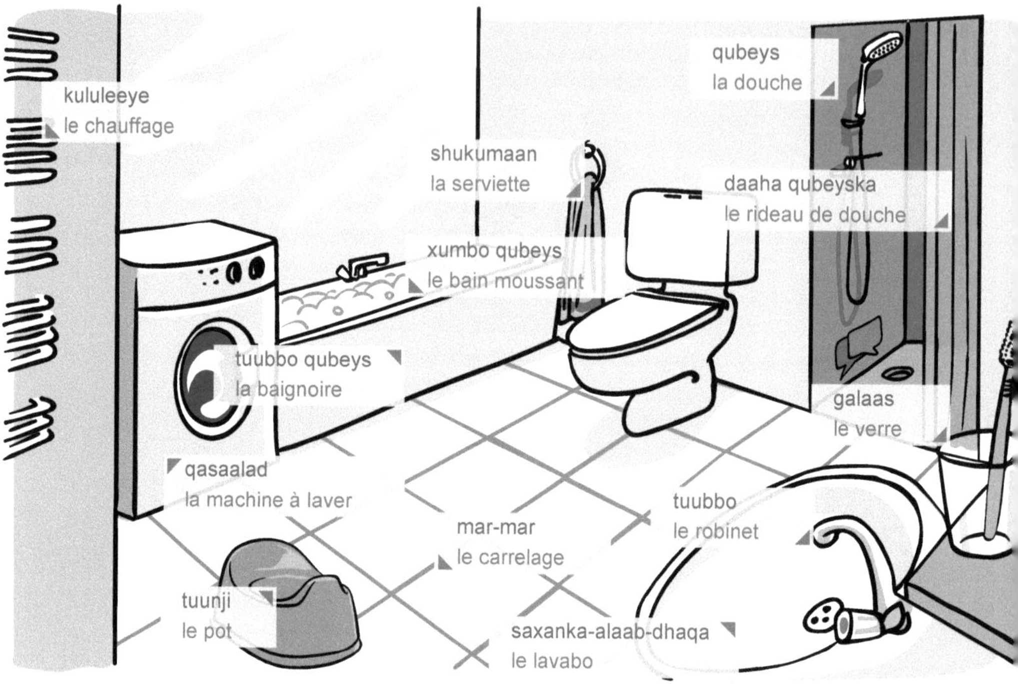

kululeeye
le chauffage
shukumaan
la serviette
qubeys
la douche
daaha qubeyska
le rideau de douche
xumbo qubeys
le bain moussant
tuubbo qubeys
la baignoire
galaas
le verre
qasaalad
la machine à laver
tuubbo
le robinet
mar-mar
le carrelage
tuunji
le pot
saxanka-alaab-dhaqa
le lavabo

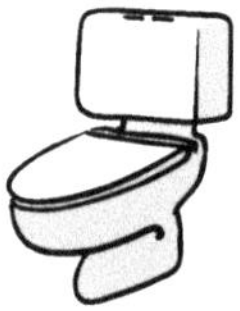

musqul

les toilettes

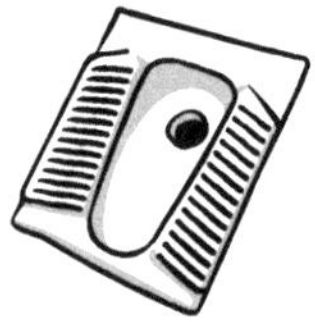

musqusha fadhiga

la toilette à la turque

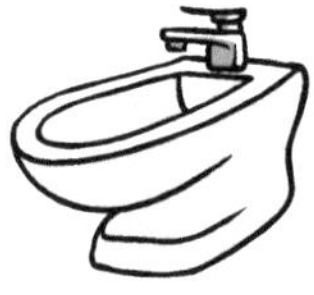

siin

le bidet

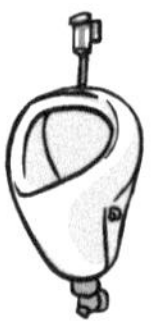

weel kaadi

l'urinoir

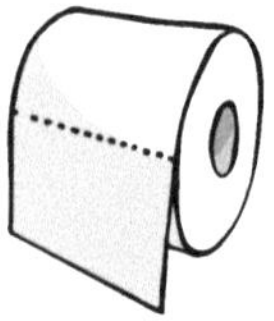

tiish musqul

le papier toilette

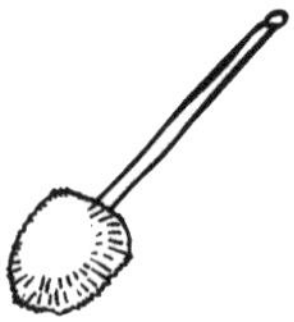

burushka musqusha

la brosse à toilette

caday

la brosse à dents

daawo caday

le dentifrice

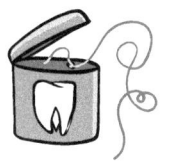

dunta ilka farashada

le fil dentaire

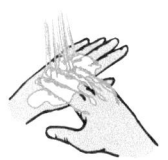

dhaq

laver

gacan qubeys

la douche manuelle

tuubo-musqul

la douche intime

beeshin

la vasque

burush-qubeys

la brosse dorsale

saabuun

le savon

shaambo

le gel douche

shaambo

le shampooing

cago-saar

le gant de toilette

biyo-saare

l'écoulement

kareem

la crème

carfiso

le déodorant

muraayad

le miroir

muraayad gacmeed

le miroir cosmétique

sakiin

le rasoir

xumbada xiirashada

la mousse à raser

daawo gar-xiir

l'après-rasage

shanlo

la peigne

burush

la brosse

fooneeye

le sèche-cheveux

timo-buufis

la laque pour cheveux

waji-qurxiye

le fond de teint

rooseeto

le rouge à lèvres

cidiyo-nadiifiye

le vernis à ongles

dun

l'ouate

cidiyo-jar

le coupe-ongles

baarafuun

le parfum

boorso-wajidhaq

la trousse de toilette

saxaro

le tabouret

miisaan culays

le pèse-personne

dhar-qubeys

le peignoir

gacma gashi cinjir

les gants de nettoyage

tambooni

le tampon

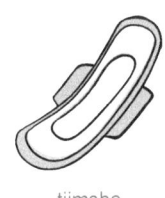

tiimshe

les serviettes hygiéniques

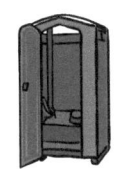

musqul kiimiko

la toilette chimique

qolka ilmaha
la chambre d'enfant

saacadda dhawaaqda
le réveil
boombale caruur
le doudou
baabuur caruureed
la voiture jouet
sanqadh
le hochet
guriga caruusada
la maison de poupée
hadiyad
le cadeau

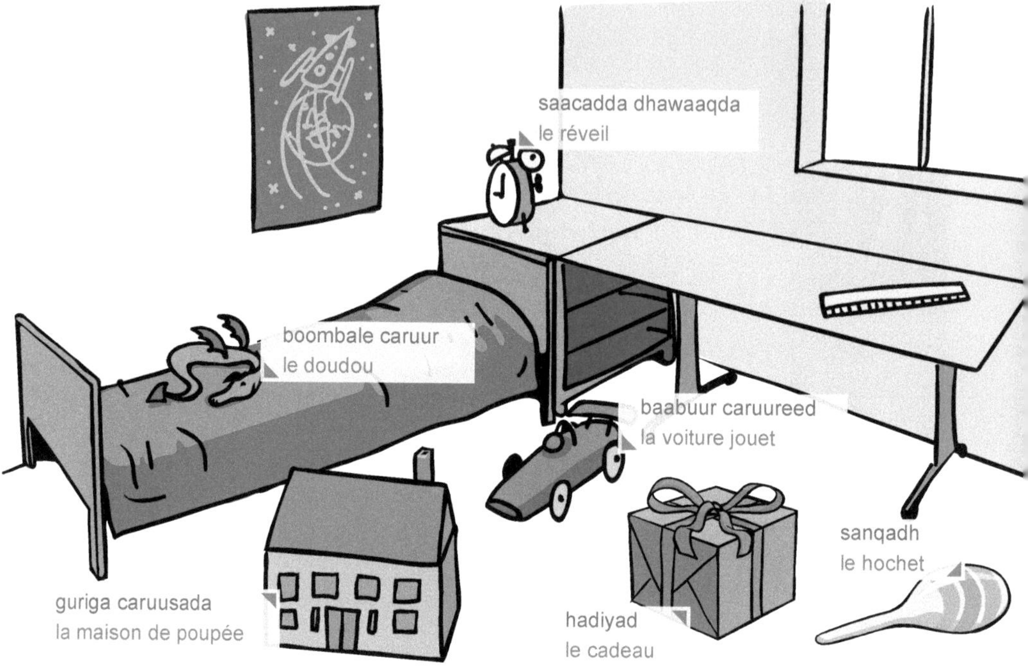

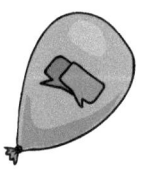

buufin
....
le ballon

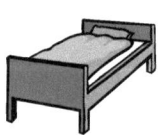

sariir
....
le lit

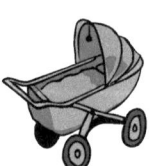

gaariga caruurta
....
la poussette

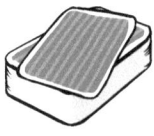

turub
....
le jeu de cartes

miinshaar
....
le puzzle

SUPER MEGA

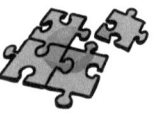

maad
....
la bande dessinée

bulkeeti boombale ah

les pièces lego

tooy

les blocs de construction

sanam

la figurine

isku-jooga dhallaanka

la grenouillère

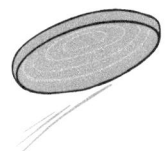

aalad cayaar

le frisbee

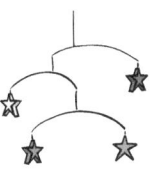

moobaayl

le mobile

khamaar

le jeu de société

laadhuu

le dé

moodo tareen

le train miniature

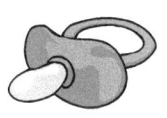

boombale

la sucette

xaflad

la fête

buug sawirro

le livre d'images

kubbad

la balle

boombale

la poupée

cayaar

jouer

dhoobo-dhoobeey

le bac à sable

wiifoow

la balançoire

alaab-alaabeey

les jouets

geemka gacanta laga hago

la console de jeu

baaskiil

le tricycle

boombale

l'ours en peluche

armaajo dhar

l'armoire

dhar

les vêtements

sigisaan

les chaussettes

sigsaan haween

les bas

surwaal-dhuuqsan

le collant

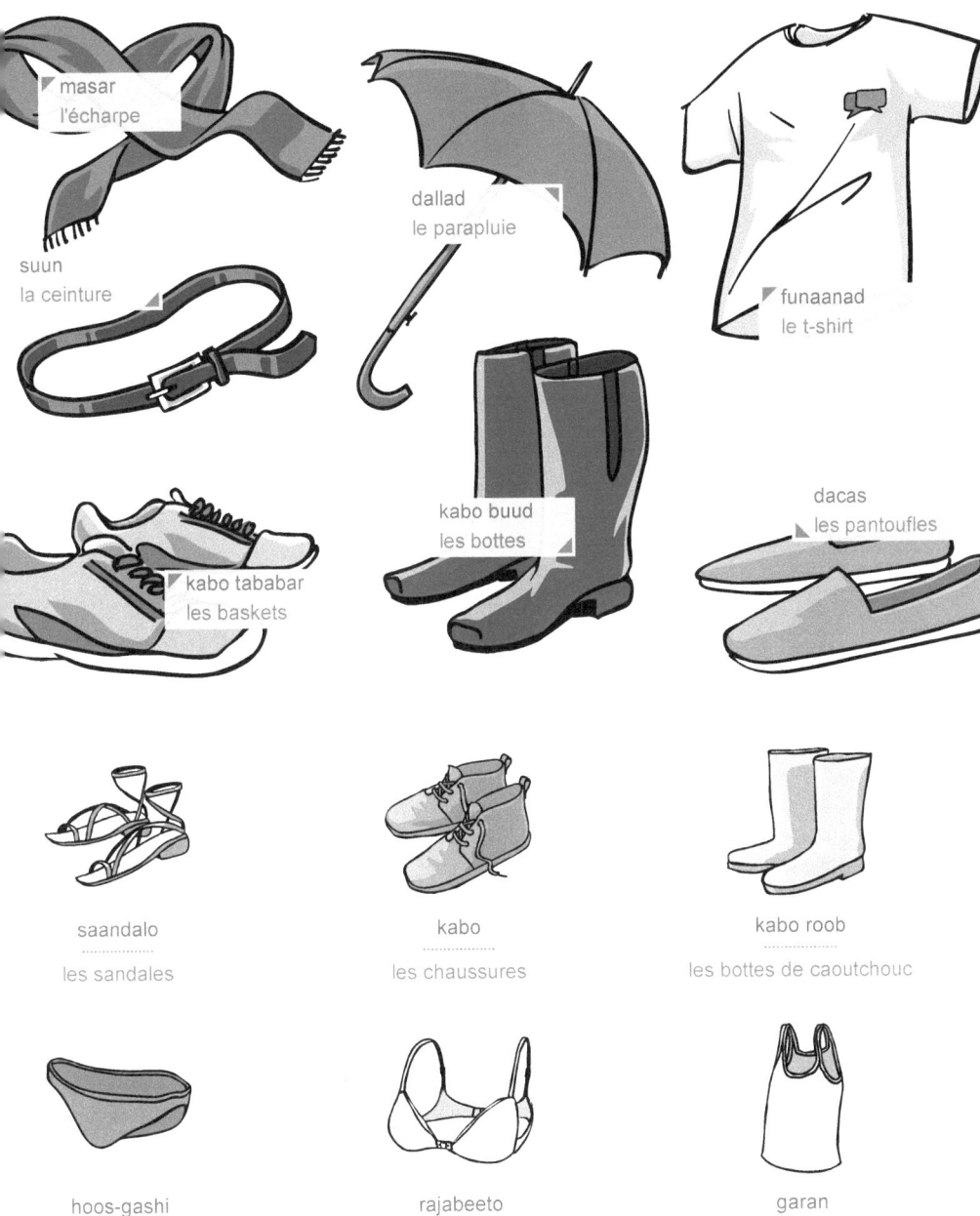

masar
l'écharpe

dallad
le parapluie

funaanad
le t-shirt

suun
la ceinture

kabo buud
les bottes

dacas
les pantoufles

kabo tababar
les baskets

saandalo
les sandales

kabo
les chaussures

kabo roob
les bottes de caoutchouc

hoos-gashi
les sous-vêtements

rajabeeto
le soutien-gorge

garan
le maillot de corps

jir

le body

surwaal

le pantalon

surwaal jeenis

le jean

goono

la jupe

canbuur

le chemisier

shaati

la chemise

funaanad-dhaxameed

le pull

garan dhaxameed

le sweat à capuche

jaakad fudud

la veste

jaakad

la veste

koodh

le manteau

koodhka roobka

l'imperméable

dhar-munaasabadeed

le costume

labbis

la robe

lebbis aroos

la robe de mariée

suut

le costume

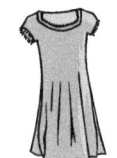

dhar-hurdo

la chemise de nuit

bajaamo

le pyjama

saari

le sari

masar

le foulard

cimaamad

le turban

cabaayad

la burqa

saako

le caftan

cabaayad

l'abaya

dharka-dabaasha

le maillot de bain

dabo-gaabyo

le maillot de bain

surwaal-dabagaab

le short

taraak-suut

la tenue d'entraînement

dufan-dhowr

le tablier

gacmo gashi

les gants

galluus

le bouton

ookiyaale

les lunettes

jijin

le bracelet

silis

le collier

faraati

la bague

dhego dhego

la boucle d'oreille

koofiyo

le bonnet

katabaan

le cintre

koofiyad

le chapeau

garabaati

la cravate

jiinyeer

la fermeture éclair

helmed

le casque

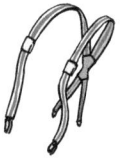

ilko-reeb

les bretelles

direes dugsi

l'uniforme scolaire

direes

l'uniforme

cayo-dhowr

le bavoir

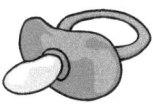

boombale

la sucette

maro-dufeed

la lange

xafiis

le bureau

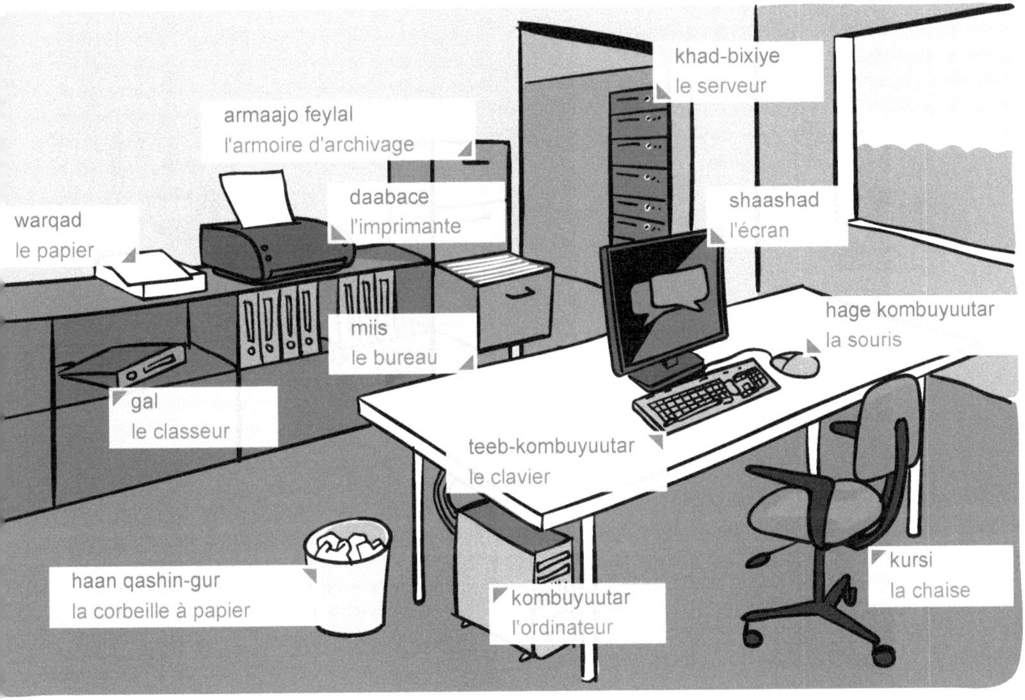

khad-bixiye
le serveur

armaajo feylal
l'armoire d'archivage

daabace
l'imprimante

shaashad
l'écran

warqad
le papier

hage kombuyuutar
la souris

miis
le bureau

gal
le classeur

teeb-kombuyuutar
le clavier

kursi
la chaise

haan qashin-gur
la corbeille à papier

kombuyuutar
l'ordinateur

koob kafee

la tasse de café

kalkuleytar/xisaabiye

la calculatrice

internet

l'internet

laabtoob

l'ordinateur portable

bakhshad

la lettre

fariin

le message

moobaayl

le portable

shabakad-kombuyuutar

le réseau

footokoobi

la photocopieuse

barnaamij-kombuyuutar

le logiciel

telefoon

le téléphone

god koronto

la prise

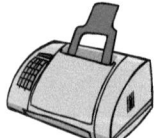

mishiinkan fax-ka

le fax

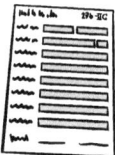

foomka

le formulaire

dokumenti

le document

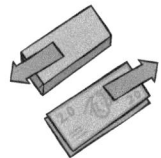

iibso

acheter

bixi

payer

ganacso

faire du commerce

lacag

la monnaie

doollar

le dollar

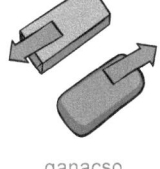

yuuro

l'euro

yenka jabbaan

le yen

robolka ruushka

le rouble

Franka iswiiska

le franc suisse

lacagta shiinaha

le renminbi yuan

rubiyada hindiga

la roupie

maqal

le distributeur automatique

xafiiska sarrifaka lacagaha

le bureau de change

dahab

l'or

qalin

l'argent

shidaal

le pétrole

tamar

l'énergie

qiime

le prix

qandaraas

le contrat

canshuur

la taxe

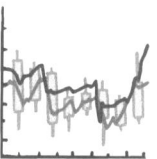

raasumaal

l'action

shaqee

travailler

shaqaale

l'employé

shaqaaleysiiye

l'employeur

warshad

l'usine

dukaan

le magasin

shaqooyin
les professions

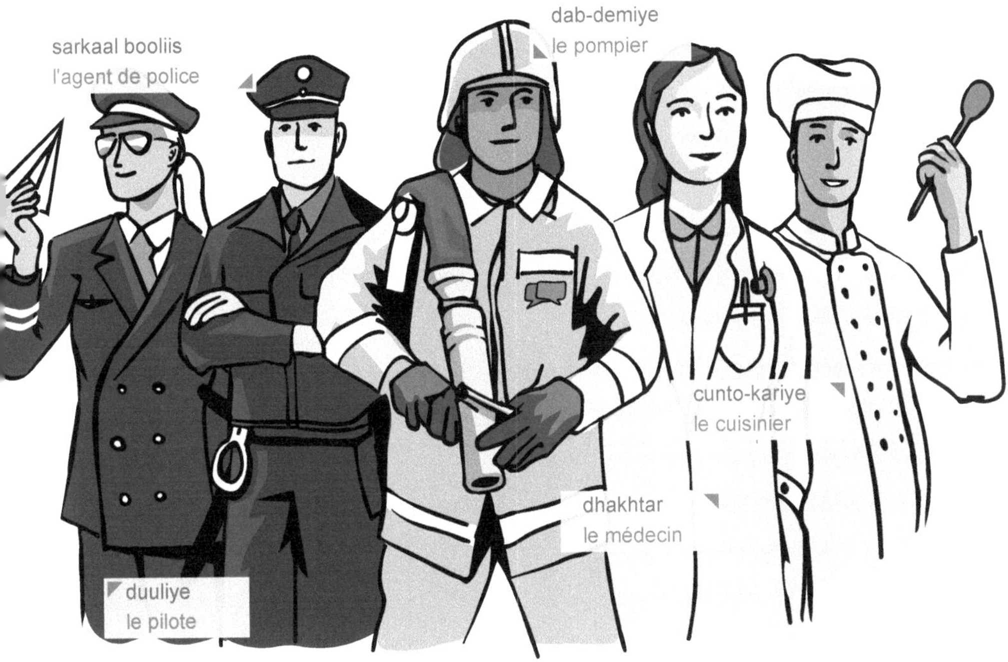
sarkaal booliis
l'agent de police
dab-demiye
le pompier
cunto-kariye
le cuisinier
dhakhtar
le médecin
duuliye
le pilote

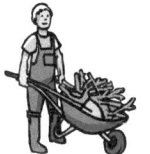

beeralley

le jardinier

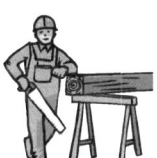

nijaar

le menuisier

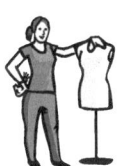

timo-qurxiso

la couturière

qaaddi

le juge

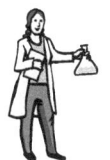

farmashiiste

le chimiste

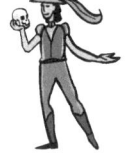

jile

l'acteur

darawal bas

le conducteur de bus

taksiile

le chauffeur de taxi

kalluumeyste

le pêcheur

nadiifiso

la femme de ménage

saqaf-dhise

le couvreur

kabalyeeri

le serveur

ugaarsade

le chasseur

rinjiile

le peintre

rooti-dube

le boulanger

koronto-yaqaan

l'électricien

dhise

l'ouvrier

injineer

l'ingénieur

kawaanle

le boucher

tuubbiiste

le plombier

boostaale

le facteur

shaqooyin - les professions

askari

le soldat

injineer-dhismo

l'architecte

qasnaji

le caissier

ubax-yaqaan

le fleuriste

timo-jare

le coiffeur

kiro-uruuriye

le contrôleur

makaanik

le mécanicien

kabtan

le capitaine

dhakhtar-ilko

le dentiste

saaynisyahan

le scientifique

wadaad yahuud

le rabbin

imaam

l'imam

xerow

le moine

wadaad

le prêtre

qalab
les outils

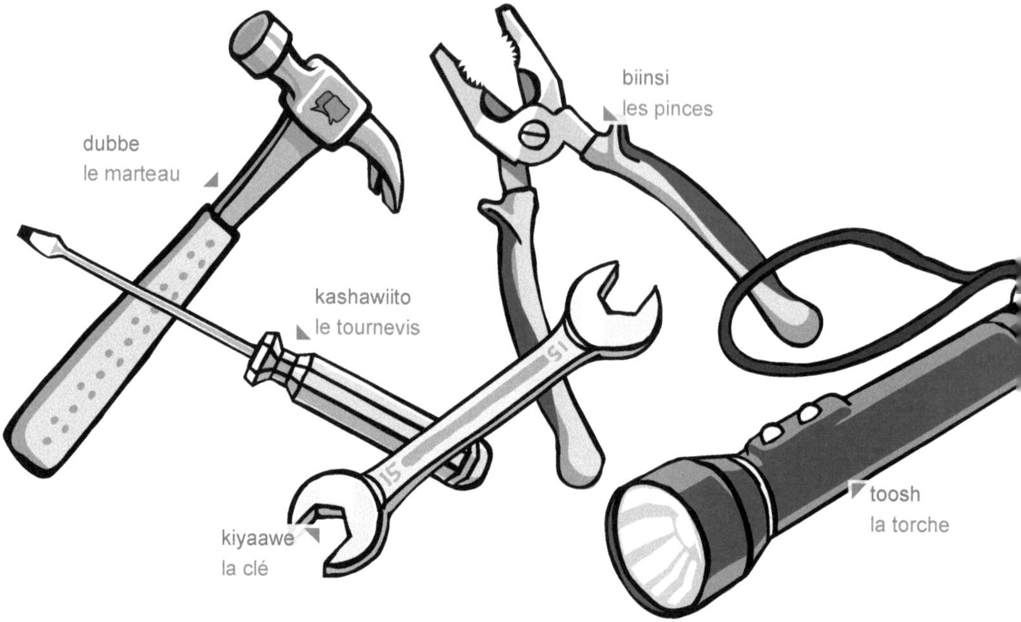
dubbe
le marteau
biinsi
les pinces
kashawiito
le tournevis
kiyaawe
la clé
toosh
la torche

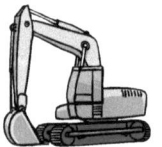

dhul-qoddo

la pelleteuse

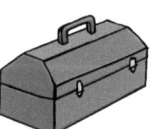

qalab-xajiye

la boîte à outils

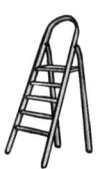

jaraanjaro

l'échelle

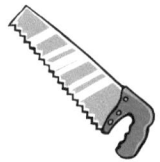

miinshaar

la scie

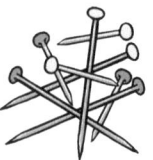

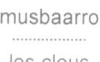

musbaarro

les clous

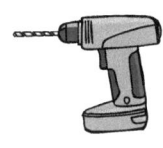

dalooliye

la perceuse

dayactir
....
réparer

badiil
....
la pelle

inkaar kugu dhacday!
....
Mince !

bus-xaabiye
....
la pelle

gasacad rinji
....
le pot de peinture

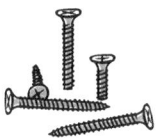

boolal
....
les vis

qalab muusiko
les instruments de musique

digsi
la batterie

samacad
le haut-parleurs

kataarad
la guitare

kataarad guux-weyn
la contrebasse

turumbo
la trompette

biyaano

le piano

fiyooliin

le violon

karaarad guux-dheer

la basse

durbaan-sheegagle

les timbales

durbaan

le tambour

loox-xarfeed-biyaano

le piano électrique

turumbo

le saxophone

siin-baar

la flûte

makarafoon

le microphone

beer-xayawaan
le zoo

irrid
l'entrée

shabeel
le tigre

qafis
la cage

dameer-farow
le zèbre

baad-xayawaan
l'alimentation animale

baanda
le panda

xayawaan
les animaux

maroodi
l'éléphant

kaangaruu
le kangourou

wiyil
le rhinocéros

goriille
le gorille

oorso
l'ours

beer-xayawaan - le zoo

59

geel

le chameau

gorayo

l'autruche

libaax

le lion

daanyeer

le singe

xiita-luga-dheer

le flamand rose

baqbaqaa

le perroquet

oorso baraf-ku-nool

l'ours polaire

shimbir baraf

le pingouin

libaax-badeed

le requin

daa'uus

le paon

mas

le serpent

yaxaas

le crocodile

beer-xayawaan ilaaliye

le gardien de zoo

bahal kalluun-cun

le phoque

shabeel-u-eke

le jaguar

dhal faras

le poney

harmacad

le léopard

jeer

l'hippopotame

geri

la girafe

gorgor

l'aigle

doofaar-jilibeey

le sanglier

kalluun

le poisson

qubo

la tortue

maroodi-badeed

le morse

dawaco

le renard

dcero

la gazelle

kubadda-cagta maraykanka
l'american Football

tartanka bashkuleetiga
le cyclisme

kubbadda miiska
le tennis

kubbadda koleyga
le basket-ball

dabaal
la natation

cayaarta feerka
la boxe

hookiga barafka lagu dh
le hockey sur glace

kubadda cagta
le football

baadminton
le badminton

ciyaaraha fudud
l'athlétisme

kubadda gacanta
le handball

iskii/ciyaarta barafka
le ski

cayaar-faras
le polo

boodid
sauter

hab-siin
embrasser

qosol
rire

soco
marcher

hees
chanter

riyo
rêver

duceyso
prier

dhunkasho
faire la bise

qorraxeed
écrire

masawirid
dessiner

muuji
montrer

riix
pousser

sii
donner

qaado
prendre

haysasho

avoir

samee

faire

ahaansho

être

istaag

être debout

orod

courir

jiid

trier

tuur

jeter

dhicid

tomber

been-sheegid

être couché

sug

attendre

qaad

porter

fariiso

être assis

labiso

s'habiller

seexo

dormir

toos

se réveiller

fiiri

regarder

ooy

pleurer

dhuftay

caresser

shanleyso

peigner

hadal

parler

faham

comprendre

weydii

demander

dhageysasho

écouter

cab

boire

cun

manger

habee

ranger

jacayl

aimer

kari

cuire

kaxee

conduire

duulid

voler

shiraaco

faire de la voile

xisaabi

calculer

akhri

lire

barasho

apprendre

shaqee

travailler

guurso

se marier

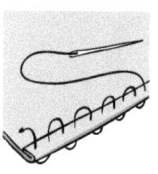

tol

coudre

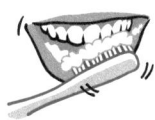

cadayso

brosser les dents

dilid

tuer

sigaar cab

fumer

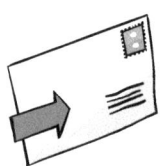

dir

envoyer

eeyo
grand-mère

awoowe
le grand-père

aabbe
le père

hooyo
la mère

ilmo
le bébé

gabar
la fille

wiil
le fils

marti

l'hôte

eeddo

la tante

adeer

l'oncle

walaal rag

le frère

walaal dumar

la sœur

jir
le corps

fool
le front
il
l'œil
weji
le visage
gar
le menton
far
le doigt
gacan
la main
naas
la poitrine
cudud
le bras
garab
l'épaule
lug
la jambe

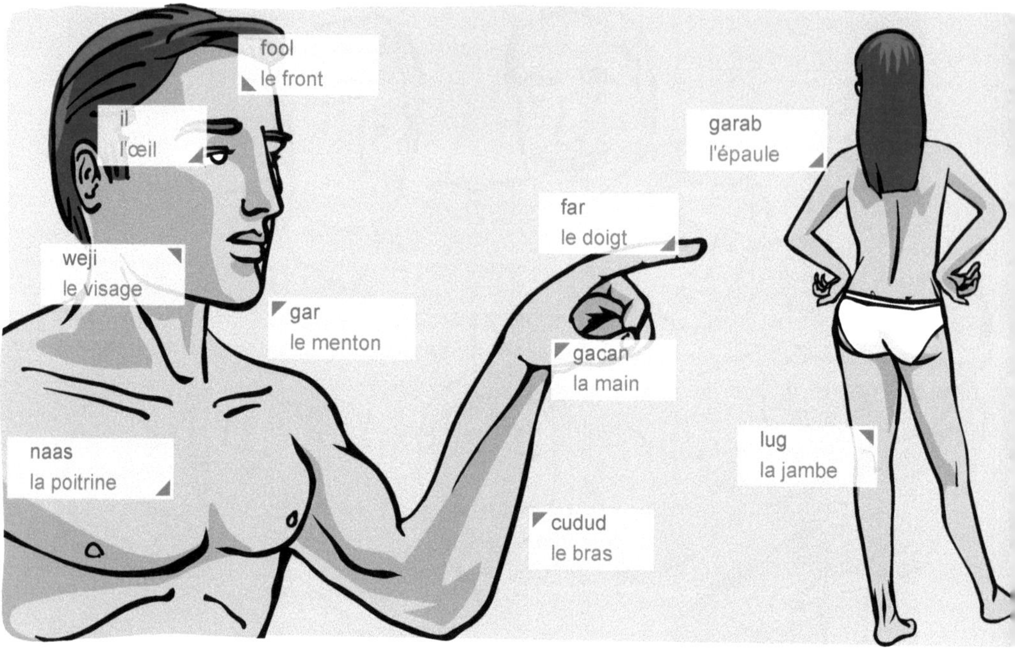

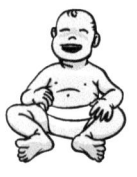

ilmo
le bébé

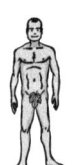

nin
l'homme

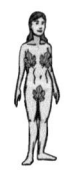

naag
la femme

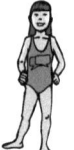

gabar
la fille

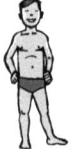

wiil
le garçon

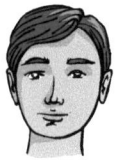

madax
la tête

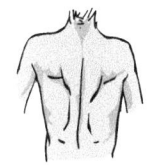

dhabar
....
le dos

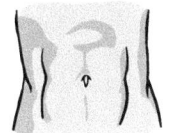

calool
....
le ventre

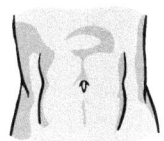

xuddun
....
le nombril

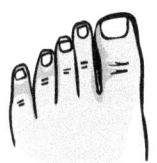

suul
....
l'orteil

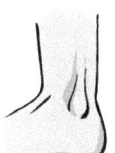

cirib
....
le talon

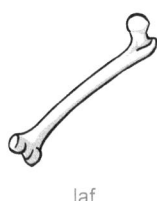

laf
....
l'os

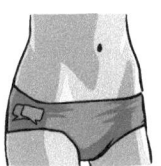

sin
....
la hanche

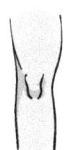

jilib
....
le genou

xusul
....
le coude

san
....
le nez

bari
....
les fesses

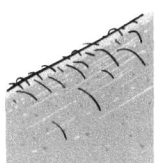

maqaar
....
la peau

dhafoor
....
la joue

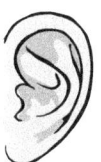

dheg
....
l'oreille

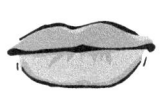

bishin
....
la lèvre

af

la bouche

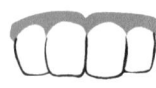

ilig

la dent

carrab

la langue

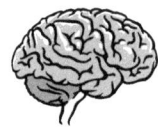

maskax

le cerveau

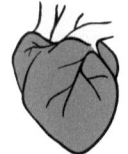

wadno

le cœur

muruq

le muscle

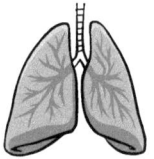

sambab

les poumons

beer

le foie

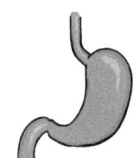

uur kujirta caloosha

l'estomac

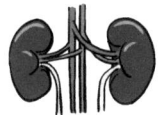

kelyo

les reins

galmo

le rapport sexuel

cinjir-galmo

le préservatif

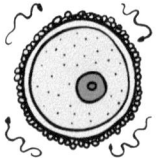

ugxan

l'ovule

shahwo

le sperme

uur

la grossesse

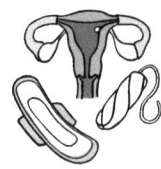

caado

la menstruation

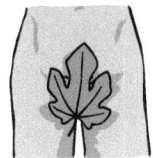

siil

le vagin

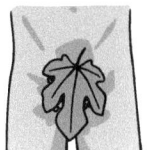

gus

le pénis

suni

le sourcil

timo

les cheveux

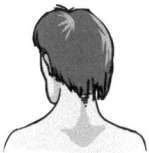

qoor

le cou

isbitaal
l'hôpital

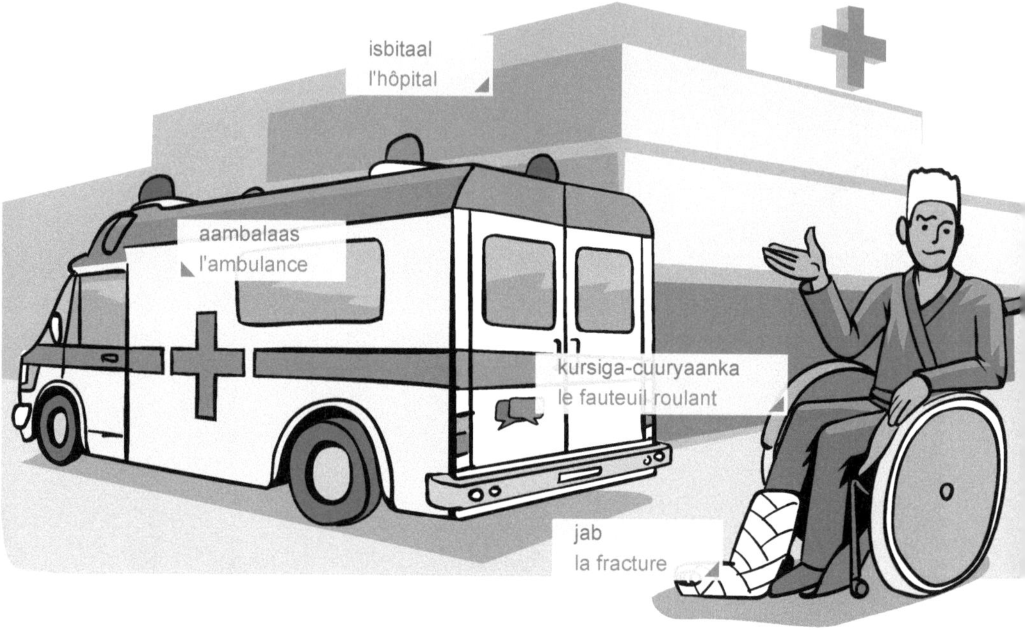

isbitaal
l'hôpital
aambalaas
l'ambulance
kursiga-cuuryaanka
le fauteuil roulant
jab
la fracture

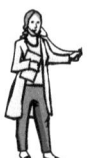

dhakhtar

le médecin

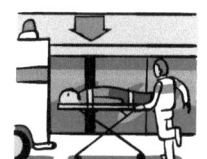

qolka xaaladaha-degdega ah

le service des urgences

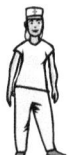

kalkaaliye

l'infirmière

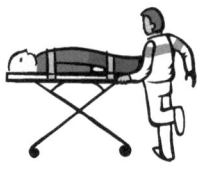

xaalad deg-deg ah

l'urgence

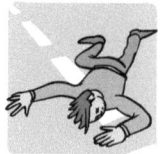

miyir-beelsan

inconscient

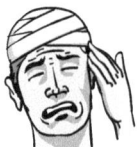

xanuun

la douleur

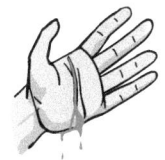

dhaawac

la blessure

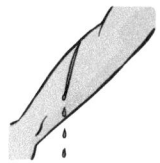

dhiig-bax

l'hémorragie

wadno-xanuun

la crise cardiaque

qallal

l'attaque cérébrale

xasaasiyad

l'allergie

qufac

la toux

qandho

la fièvre

hargab

la grippe

shuban

la diarrhée

madax-xanuun

le mal de tête

kansar

le cancer

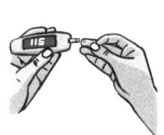

cudurka sokoroow

le diabète

dhakhtarka-qalliinka

le chirurgien

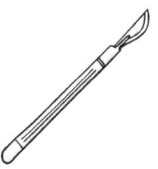

mindida qalliinka

le scalpel

qalliin

l'opération

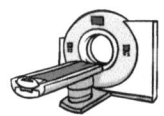

iskaan

le CT

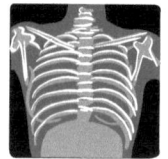

raajo

la radiographie

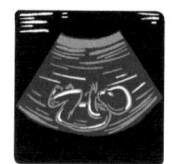

dhawaaq-xawaareed

l'échographie

maaskaro

le masque

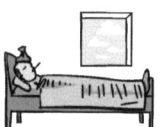

cudur sokoroow

la maladie

qolka sugitaanka

la salle d'attente

ul lagu boodo

la béquille

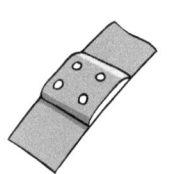

kab

le pansement

faashato

le pansement

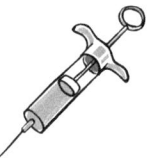

duris

l'injection

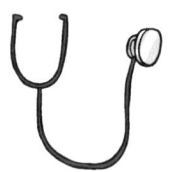

wadne-dhegeyeste

le stéthoscope

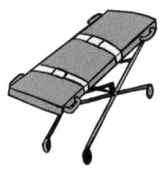

balankiino

le brancard

heer-kul-beega qandhada

le thermomètre

dhalasho

l'accouchement

aad-u-cayilan

la surcharge pondérale

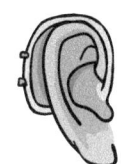

maqal-caawiye

l'appareil auditif

jeermis-dile

le désinfectant

caabuq

l'infection

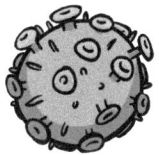

feyras

le virus

AYDHIS/HIV

le VIH / le sida

daawo

le médicament

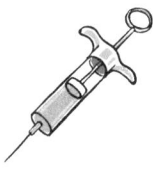

tallaal

la vaccination

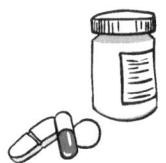

kaniiniyo

les comprimés

kaniin

la pilule

wicitaan deg-deg ah

l'appel d'urgence

cabbiraha dhiig-karka

le tensiomètre

xanuunsan / caafimaadsan

malade / sain

i caawiya!

Au secours !

sawaxan

l'alarme

weerar-kadisa ah

l'assaut

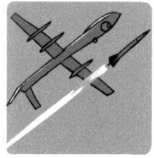

weerar

l'attaque

khatar

le danger

irridda bixida xaalad-deg-deg

la sortie de secours

dab!

Au feu!

dab demiye

l'extincteur

shil

l'accident

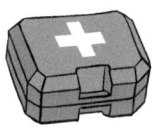

saduuqa xaalada-degdega ah

la trousse de premier secours

codsi badbaado

SOS

booliis

la police

Yurub

l'Europe

woqooyiga ameerika

l'Amérique du Nord

koonfurta ameerika

l'Amérique du Sud

Afrika

l'Afrique

Aasiya

l'Asie

Oostareeliya

l'Australie

Atlaantik

l'Océan atlantique

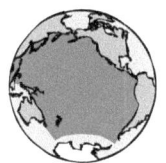

Pacific

l'Océan pacifique

Bad-waynta hindiya

l'Océan indien

Bad-waynta antarctica

l'Océan antarctique

Bad-waynta arctic

l'Océan arctique

cirifka waqooyi

le Pôle nord

cirifka koonfureed

le Pôle sud

Antarctica

l'Antarctique

dhul

la terre

dhul

le pays

bad

la mer

jasiirad

l'île

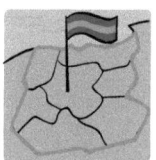

waddan

la nation

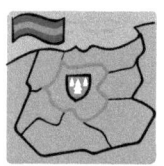

gobol

l'état

dhul - la terre

wajiga saacadda

le cadran

gacanka saacada

l'aiguille des heures

gacanka daqiiqada

l'aiguille des minutes

gacanka ilbiriqsiga

l'aiguille des secondes

waa intee saac?

Quelle heure est-il ?

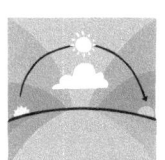

maalin

le jour

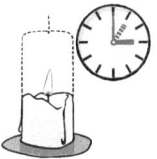

wakhti

le temps

hadda

maintenant

saacadda jiifarrada

la montre digitale

daqiiqad

la minute

saacad

l'heure

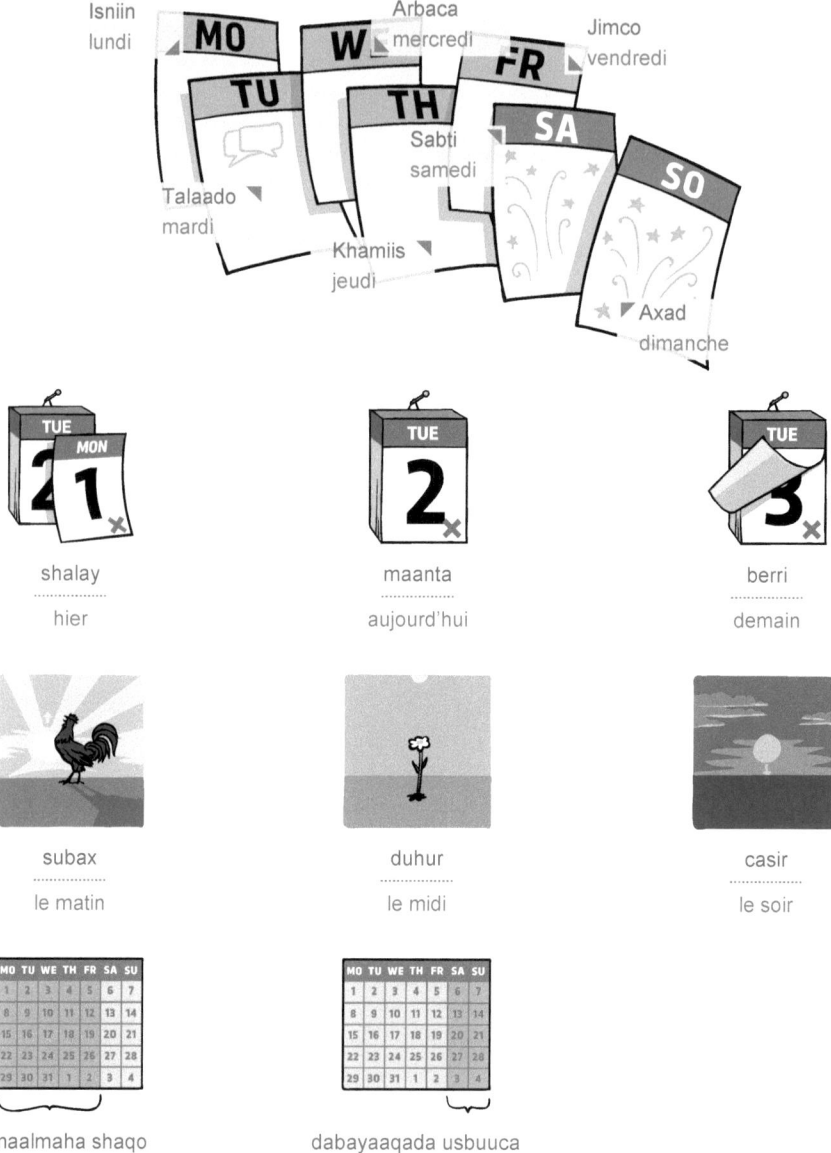

Isniin
lundi

Arbaca
mercredi

Jimco
vendredi

Sabti
samedi

Talaado
mardi

Khamiis
jeudi

Axad
dimanche

shalay
hier

maanta
aujourd'hui

berri
demain

subax
le matin

duhur
le midi

casir
le soir

maalmaha shaqo
les jours ouvrables

dabayaaqada usbuuca
le week-end

roob
la pluie

qaanso-roobaad
l'arc-en-ciel

roob-baraf
la neige

dabayl
le vent

gu'
le printemps

deyr
l'automne

xagaa
l'été

jiilaal
l'hiver

4.APRIL	11°	☀
5.APRIL	4°	☁
6.APRIL	13°	☂
7.APRIL	8°	☀
8.APRIL	10°	☀

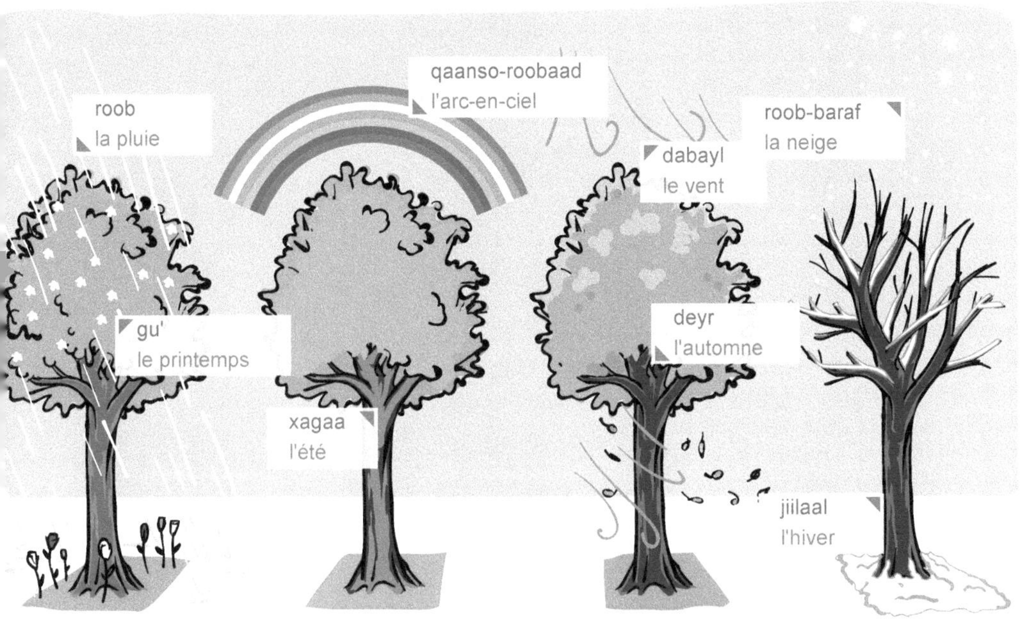

saadaal hawo

la météo

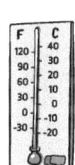

heer-kul baare

le thermomètre

qorraxeed

la lumière du soleil

daruur

le nuage

ceeryaamo

le brouillard

huur

l'humidité

jac

la foudre

onkod

la tonnerre

duufaan

la tempête

roob-baraf

la grêle

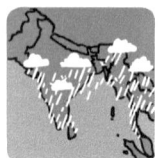

maansuun

la mousson

daad

l'inondation

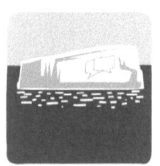

baraf

la glace

Jannaayo

janvier

Febraayo

février

Maarso

mars

Abriil

avril

Mey

mai

Juun

juin

Luulyo

juillet

Agoosto

août

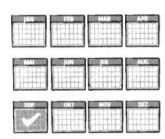

Sebteember
....
septembre

Oktoobar
....
octobre

Nofeember
....
novembre

Diseember
....
décembre

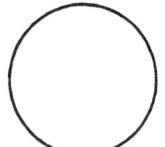

goobaabo
....
le cercle

afar-gees
....
le carré

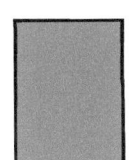

leydi
....
le rectangle

saddex-xagal
....
le triangle

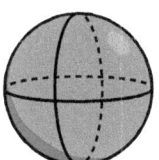

wareeg
....
la sphère

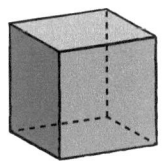

bokis
....
le cube

caddaan

blanc

hurdi

jaune

oranji

orange

guduud-khafiif

rose

casaan

rouge

carwaajis

violet

bluug

bleu

cagaar

vert

boroon

marron

cawl

gris

madow

noir

badan / yar

beaucoup / peu

caro / daganaan

fâché / calme

qurxoon / foolxun

joli / laid

billow / dhammaad

le début / la fin

yar / weyn

grand / petit

iftiin / mugdi

clair / obscure

walaalkaa / walaashaa

frère / soeur

nadiif / wasakhaysan

propre / sale

buuxa / dhantaalan

complet / incomplet

maalin / habeen

le jour / la nuit

dhintay / nool

mort / vivant

ballaaran / ciriiri ah

large / étroit

la cuni karo / aan la cuni karin

comestible / incomestible

arxan-daran / naxariis-badan

méchant / gentil

faraxsan / caajisan

excité / ennuyé

buuran / caateysan

gros / mince

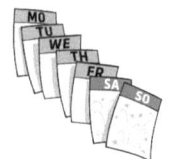

ugu horeeya / ugu dambeeya

le premier / le dernier

saaxiib / cadaw

l'ami / l'ennemi

maran / buuxa.

plein / vide

adag / jilicsan

dur / souple

culus / fudud

lourd / léger

gaajo / oon

faim / soif

xanuunsan / caafimaadsan

malade / sain

sharci-darro / sharci

illégal / légal

caaqil / dabbaal

intelligent / stupide

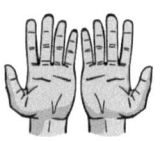

bidix / midig

gauche / droite

dhow / fog

proche / loin

cusub / duug

nouveau / usé

waxba / wax

rien / quelque chose

da' / dhalinyar

vieux / jeune

daaris / damin

marche / arrêt

furan / xiran

ouvert / fermé

aamusnaan / cod-dheer

faible / fort

taajir / sabool

riche / pauvre

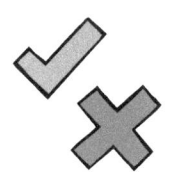

sax / khalad

correct / incorrect

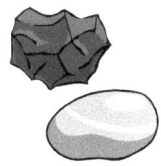

jilif leh / sabiibax

rugueux / lisse

murugsan / faraxsan

triste / heureux

gaaban / dheer

court / long

tartiib / dhaqsi

lent / rapide

qoyaan / qalleyl

mouillé / sec

qandac / qabow

chaud / froid

dagaal / nabad

la guerre / la paix

les nombres

0

eber
....
zéro

1

kow
....
un / une

2

laba
....
deux

3

saddex
....
trois

4

afar
....
quatre

5

shan
....
cinq

6

lix
....
six

7

toddoba
....
sept

8

sideed
....
huit

9

sagaal
....
neuf

10

toban
....
dix

11

kow iyo toban
....
onze

12

laba iyo toban

douze

13

sadex iyo toban

treize

14

afar iyo toban

quatorze

15

shan iyo toban

quinze

16

lix iyo toban

seize

17

todoba iyo toban

dix-sept

18

sideed iyo toban

dix-huit

19

sagaal iyo toban

dix-neuf

20

labaatan

vingt

100

boqol

cent

1.000

kun

mille

1.000.000

malyuun

le million

Af ingiriis

l'anglais

Ingiriiska Mareykanka

l'anglais américain

Mandariinka Shiinaha

le chinois mandarin

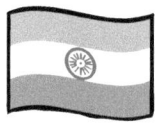

Hindi

le hindi

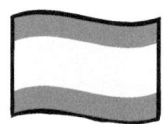

Boortaqiis

l'espagnol

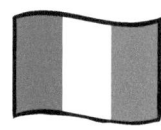

Faransiis

le français

Carabi

l'arabe

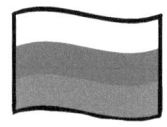

Ruush

le russe

Boortaqiis

le portugais

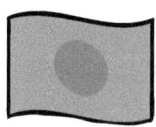

Bengaali

le bengali

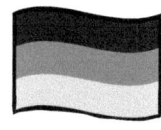

Jarmal

l'allemand

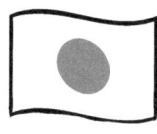

Jabaaniis

le japonais

aniga

je

adiga

tu

asaga / ayada

il / elle / ce, c', cela

annaga

nous

idinka

vous

ayaga

ils / elles

kee?

Qui ?

maxay?

Quoi ?

sidee?

Comment ?

xagee?

Où ?

goorma?

Quand ?

magac

le nom

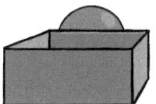

gadaal
....
derrière

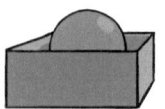

gudaha
....
dans

horta
....
devant

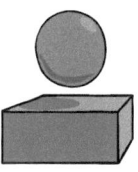

ka sare
....
au-dessus

dusha
....
sur

ka hooseeya
....
en-dessous

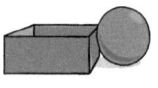

dhinac
....
à côté de

u dhexeeya
....
entre

meel
....
le lieu